aenea

R/ Irmáns Rey Alvite, 5
Santiago de Compostela
981 572 567
www.aenea.es

PEQUEÑOS GRANDES GESTOS
por la tolerancia

Francisco Llorca
ilustrado por
Elena Hormiga

ALBA

Índice

PEQUEÑOS GRANDES GESTOS

La historia nos demuestra que existe un espíritu que se niega a rendirse, un espíritu encarnado por hombres y mujeres que han luchado por la justicia y la libertad a través de los tiempos. Muchas de estas luchas comenzaron con un gesto pequeño, un acto inesperado y valiente, pero que acabaría conduciendo a la larga a un cambio profundo.

Pequeños Grandes Gestos trata de visibilizar esas acciones estelares y el valor de quien en un momento dado se desmarca de la fila y actúa. Con esta colección de libros ilustrados procuraremos que los niños y niñas se familiaricen con valores como la tolerancia y la convivencia, animándoles mediante el ejemplo a convertirse también ellos en protagonistas de su propia historia.

PEQUEÑOS GRANDES GESTOS por la tolerancia

El presente volumen recoge ejemplos de respeto por aquellos cuyas ideas y comportamientos son distintos a los de la mayoría. La tolerancia es la capacidad para aceptar la diferencia y es importante no solo por ser el único medio para garantizar la convivencia en paz, sino porque la diversidad y el pluralismo suponen una gran riqueza para la sociedad. Imagina por un momento una clase en la que todos tus compañeros fueran iguales... ¡menudo aburrimiento!, ¿no?

A través de historias reales, veremos la importancia que tiene aceptar a los demás tal y como son y que la vida es un espacio compartido con el otro.

Francisco Llorca

Ir a clase
BARBARA HENRY

Estados Unidos, 1960

Aunque en 1954 los tribunales de Estados Unidos declararon ilegal la segregación en las escuelas públicas (una política que separaba a los estudiantes según el color de su piel), el camino hacia la igualdad entre negros y blancos todavía está lejos de haber terminado.

Con seis años de edad, Ruby Bridges se convirtió en la primera afroamericana en asistir a una escuela que, hasta ese momento, había sido solo para niños blancos. Debido a las amenazas que sufrió, la pequeña tenía que asistir a la escuela escoltada por agentes federales. Y cuando llegó descubrió que estaba vacía porque los padres de los otros estudiantes no querían que sus hijos compartieran el aula con una niña negra. El director de la escuela tampoco encontraba ningún profesor que quisiera darle clase. Hasta que apareció Barbara Henry.

La joven Barbara acababa de llegar a la ciudad y creía firmemente que el derecho a la educación era universal y no entendía de razas ni de género. Así que, sin dejarse intimidar por las protestas que tenían lugar fuera de la escuela, acudieron al aula todos los días, las dos solas, convirtiéndose en un ejemplo de perseverancia, valor y tolerancia que cundió en el resto del país.

ABC

Tocar un instrumento

WEST-EASTERN DIVAN

Alemania, 1999

Desde hace décadas Israel y Palestina viven inmersos en un conflicto que parece no tener fin. A pesar de sus diferentes orígenes, el escritor Edward Said (palestino) y el director de orquesta Daniel Barenboim (israelí) pensaban que era urgente encontrar una solución al problema de convivencia entre sus pueblos a través del diálogo y el respeto al otro.

Así fue como en 1999 ambos fundaron el West-Eastern Divan, un taller para músicos en el que participaron israelíes, palestinos y árabes. Allí, personas habitualmente separadas por sus creencias, se encontraron trabajando juntas como iguales. Mientras afinaban sus instrumentos y preparaban sus conciertos, los miembros de la orquesta superaron sus diferencias y comprendieron, gracias a su común amor por la música, todo lo que les unía. Hoy este taller es una de las orquestas más reconocidas del mundo y un ejemplo de tolerancia y convivencia entre musulmanes, cristianos y judíos.

Regalar una flor

CELESTE CAEIRO

Portugal, 1974

La protagonista de nuestra siguiente historia es Celeste, una portuguesa frágil y menuda, de apenas metro y medio, pero de un gran valor. Una mañana de abril, el dueño del restaurante en el que trabajaba les dijo a todos sus empleados que regresaran a sus casas. Los militares se habían rebelado contra la dictadura que controlaba el país desde hacía casi cincuenta años.

Para que no se estropearan las flores que decoraban el restaurante, Celeste decidió llevárselas a su piso y ponerlas en agua. De camino a casa tropezó con un grupo de soldados. Uno de ellos le pidió un cigarro, pero ella no fumaba. Como quería mostrarles su apoyo, Celeste le dio uno de los claveles que llevaba consigo. Pensaba que lo rechazaría, pero el soldado hizo algo inesperado: metió el clavel en el cañón de su fusil y el resto de sus compañeros le imitó.

Enseguida las floristas de toda la ciudad comenzaron a hacer como Celeste y todo el país se llenó de flores en apenas unas horas. Los sucesos de aquellos días, que lograron devolver la democracia y la libertad a Portugal de forma pacífica, son hoy conocidos, gracias a ese pequeño gesto, como la «Revolución de los Claveles».

Aceptar

JEFF Y HILLARY WHITTINGTON

Estados Unidos, 2007

Jeff y Hillary Whittington quedaron muy sorprendidos cuando escucharon las primeras palabras de su hija Ryland: «Soy un niño». Sus padres creyeron que se trataba de una confusión, que aquello sería algo transitorio, sin embargo, y a medida que crecía, su rechazo por todo lo que habitualmente identificamos con lo femenino aumentaba.

Hay personas que se sienten diferentes a como las ve el resto de la gente. El caso de Ryland era similar: había nacido con un cuerpo de niña pero él se sentía un niño. Ryland era un niño transgénero, alguien cuya identidad no se correspondía con el cuerpo con el que había nacido.

Tras consultar con especialistas y educadores, Jeff y Hillary decidieron que lo mejor que podían hacer era aceptar a su hijo tal cual era y ayudarle para que se sintiera cómodo consigo mismo. Fue así como decidieron cortarle el pelo, cambiar su habitación y su ropa y comenzar a dirigirse a él como si fuera un niño, no una niña. Escribieron juntos una carta a sus amigos y familiares para explicarles su decisión y, aunque algunos no lo comprendieron, casi todos aceptaron la nueva situación. Hoy en día Ryland es un niño sano y feliz que vive con su familia, acude a la escuela y hace deporte. Como todos sus compañeros.

Enseñar

MALALAI JOYA

Afganistán, 1995

Como tantos niños hoy en día, los primeros recuerdos de Malalai tienen como escenario un campo de refugiados. Y es que, al poco de nacer, su familia tuvo que abandonar Afganistán huyendo de la guerra. Gracias al empeño de su madre, que siempre quiso que su hija estudiara, comenzó a leer todos los libros que caían en sus manos, lo que le abrió las puertas de un mundo nuevo más allá de las alambradas y los barracones.

Malalai compartía todo lo que aprendía con el resto de mujeres del campo, incluida su propia madre, y eso le hizo muy popular entre las refugiadas. Cuando tenía tan solo dieciséis años, una organización a favor de los derechos de las mujeres le propuso regresar a Afganistán y crear una escuela secreta para que las niñas pudieran estudiar, ya que en su país la educación de las mujeres estaba prohibida. Así fue como, escondiendo los libros bajo un burka, comenzaron sus clases clandestinas. A pesar del miedo a ser descubierta, cada vez que una niña se unía al grupo sentía crecer la esperanza en el futuro y eso le daba el valor necesario para continuar.

Cuando el régimen talibán llegó a su fin, Malalai se convirtió en la diputada más joven del parlamento de Afganistán. Hoy en día recorre el mundo denunciando la intolerancia religiosa y las desigualdades entre hombres y mujeres.

HOTEL

Acoger

PAUL RUSESABAGINA

Ruanda, 1994

Ruanda es un pequeño país en el centro de África que en 1994 fue escenario de uno de los episodios más tristes y oscuros de la historia. Durante varios meses una ola de violencia sacudió el país y los hutus (el grupo mayoritario en el país) persiguieron a sus vecinos, los tutsis, hasta casi acabar con ellos. En aquellos días fueron pocos los que se atrevieron a levantar la voz. Uno de estos pocos hombres buenos fue Paul Rusesabagina.

Paul era por entonces el gerente del Hotel de las Mil Colinas, el establecimiento más lujoso de la capital. A pesar de que él era hutu y que podía haber escapado del país, Paul decidió quedarse al frente del local y acoger en él a todos cuantos llegaban en busca de protección. Gracias a su inteligencia y valentía, Paul logró salvar a más de mil personas, demostrando que cuando todo parece oscuro hay gestos que brillan con luz propia.

Casarse

ANNE MARIE THUS Y HELEN FAASEN

Holanda, 2001

Hasta hace muy poco la ley solo reconocía el matrimonio entre hombres y mujeres. Esto convertía a muchas parejas en ciudadanos de segunda categoría al tener menos derechos que los demás.

Durante muchos años la comunidad LGTBI reivindicó que se reconociera también a los homosexuales el derecho a contraer matrimonio. Inicialmente mucha gente se opuso, sin embargo la opinión pública comenzó a cambiar, y en 2001 Anne Marie Thus y Helen Faasen se convirtieron en las primeras mujeres en contraer matrimonio. Conseguirlo supuso el reconocimiento de su unión y sus derechos por parte de la sociedad.

La decisión de Anne Marie y Helen fue muy valiente y se convirtió en todo un ejemplo para otras parejas que también decidieron legalizar su situación. Sin embargo, aún hoy son muchos los países en los que los derechos de los homosexuales no son reconocidos. Todavía queda mucho por hacer para alcanzar una sociedad en la que quepan todo tipo de personas.

SOS

Proteger

LASSANA BATHILY

Francia, 2015

Lassana abandonó Mali cuando apenas era un niño para reunirse con su padre en Francia. Aunque estuvo a punto de ser expulsado del país en varias ocasiones por no tener la documentación en regla (era lo que llamamos un sin papeles), logró completar sus estudios y encontrar trabajo. Dejando de lado las diferencias religiosas, los dueños de un supermercado judío contrataron a Lassana, que era musulmán.

Su vida parecía bastante tranquila hasta que una mañana un hombre armado irrumpió en el local. Se trataba de un fundamentalista, alguien que no tolera la existencia de otras creencias religiosas ni de quienes las profesan (por ejemplo los clientes del supermercado porque eran judíos). Nuestro protagonista no pensaba del mismo modo. Para él aquellas personas eran, ante todo, seres humanos a los que había que proteger. Así que, sin perder un segundo, les escondió en una cámara frigorífica para ponerles a salvo. Luego, jugándose la vida, consiguió escapar del supermercado y avisar a la policía, que finalmente logró liberar a los rehenes.

En reconocimiento a su heroísmo, Lassana obtuvo los papeles por los que tanto había luchado. Hoy es un ciudadano francés más.

Bailar

DAVID MANCUSO

Estados Unidos, 1970

A David Mancuso le encantaba la música. Lamentablemente, para un joven de clase trabajadora, hijo de inmigrantes como él, la puerta de las fiestas y los locales más exclusivos de Nueva York estaban cerradas. Por eso, junto a sus amigos, decidió crear sus propias fiestas.

Mancuso alquiló un piso en una de las zonas más degradadas de la ciudad. Entre contenedores y depósitos abandonados, amigos y desconocidos comenzaron a reunirse para hablar, escuchar música, tocar instrumentos y, sobre todo, bailar. David pinchaba sus discos favoritos de una forma muy original mientras sus amigos bailaban y brincaban, convirtiéndose en uno de los primeros DJ de la historia.

El día de San Valentín, David organizó en su piso una gran fiesta a la que bautizó como Love Saves the Day (El amor salva el día). Acudieron personas de todo tipo: mujeres y hombres, gays y heterosexuales, blancos, negros, latinos... Grupos que tradicionalmente permanecían separados se reunían por primera vez en una misma pista de baile como una forma de celebración en común, demostrando que, a pesar de sus diferentes orígenes, la gente podía convivir y, por qué no, pasarlo bien.

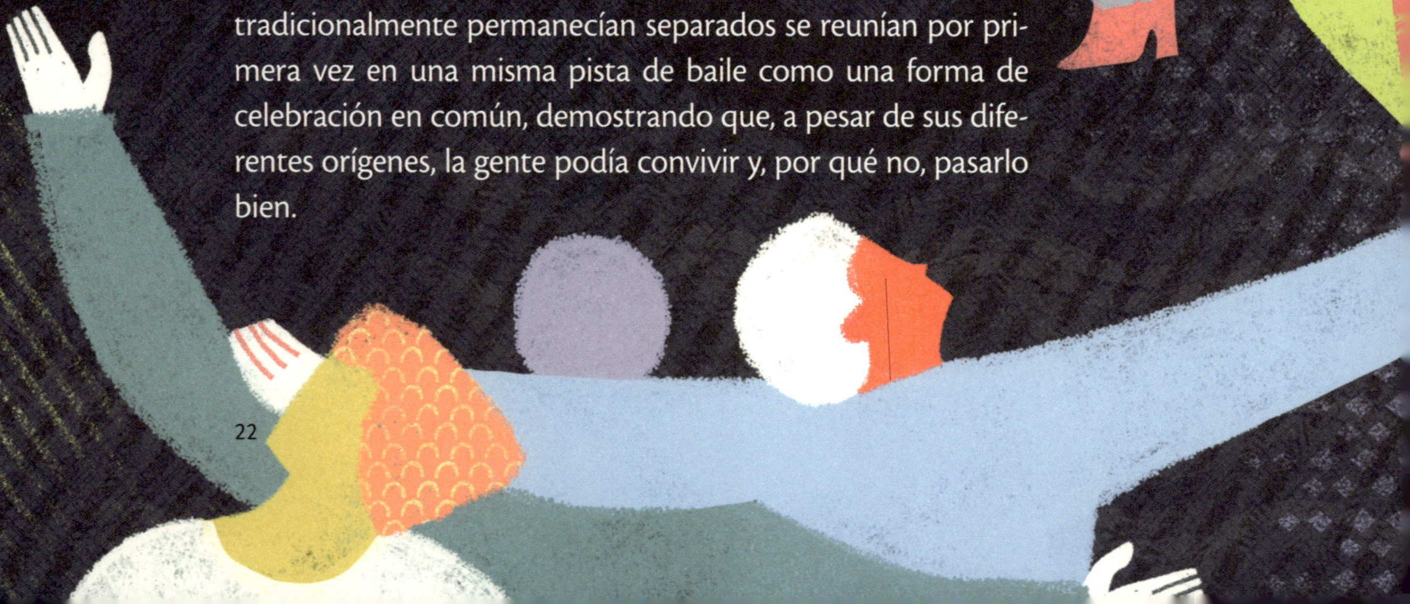

Defender a un rival
HILARIO MARRERO

España, 1936

La Guerra Civil española fue un conflicto que se desencadenó en 1936, cuando parte del ejército se sublevó contra el gobierno de la República, que la gente había elegido. Vecinos, familiares y amigos se enfrentaron durante tres terribles años. Sin embargo, durante la guerra también hubo personas que, en un momento dado, se comportaron como héroes, ayudando a los que más lo necesitaban, incluso aunque pertenecieran al bando contrario. Personas valientes que decidieron no mirar hacia otro lado y comportarse con dignidad. Personas como Hilario Marrero.

Hoy tal vez su nombre no te resulte familiar, pero en aquellos años era un futbolista muy popular, ya que era uno de los mejores jugadores del Real Madrid y de la selección española. Un día, nuestro futbolista estaba tomando algo con unos amigos cuando vio que se llevaban detenido al portero de un equipo rival por motivos políticos. Hilario podía haber fingido que no le conocía, pero eso no iba con su carácter y salió en defensa de su compañero, aunque eso supusiera poner en riesgo su propia vida. Gracias a su valentía y a un montón de autógrafos que tuvo que firmar para que sus captores liberaran al detenido, consiguió que le soltaran y, con ello, salvarle la vida.

Anudar un pañuelo

LEYLA ZANA

Turquía, 1991

Los kurdos son el mayor pueblo sin Estado propio del mundo: hay millones de ellos en países como Irak, Turquía o Siria. En muchos de estos lugares son perseguidos y encarcelados, como Leyla Zana, la protagonista de nuestra siguiente historia.

Cuando encarcelaron a su marido, un activista a favor de los derechos de su pueblo, Leyla comenzó una campaña para pedir su libertad. Su valentía le valió el reconocimiento de la población kurda de Turquía, que la eligió como su representante. Durante su primera intervención en el parlamento, Leyla se anudó en la cabeza un pañuelo con los colores de la bandera kurda y habló a favor de la hermandad de los pueblos y de la necesidad de que estos coexistiesen en paz. Con su discurso consiguió visibilizar el drama de su gente en todo el mundo, aunque aquello le costase pasar en la cárcel casi diez años.

Lejos de desanimarla, su paso por prisión ha reafirmado a Leyla en su lucha por las minorías que, como los kurdos, buscan el reconocimiento de sus derechos sociales, políticos y culturales.

Ir a clase
Barbara Henry
Estados Unidos, 1960

Tocar un instrumento
West-Eastern Divan
Alemania, 1999

Regalar una flor
Celeste Caeiro
Portugal, 1974

Aceptar
Jeff y Hillary Whittington
Estados Unidos, 2007

Enseñar

Malalai Joya

Afganistán, 1995

Acoger

Paul Rusesabagina

Ruanda, 1994

Casarse

Anne Marie Thus y Helen Faasen

Holanda, 2001

Proteger

Lassana Bathily

Francia, 2015

Bailar
David Mancuso
Estados Unidos, 1970

Defender a un rival
Hilario Marrero
España, 1936

Anudar un pañuelo
Leyla Zana
Turquía, 1991

Diseño: Pepe & James

Créditos fotografías: **«Ir a clase»** © Wikimedia Commons / Dominio público
«Tocar un instrumento» © Peter Fischli / Lucerne Festival
«Regalar una flor» © Arquivo do Centro de Documentação 25 de Abril da U. C. (Col. DGCS)
«Aceptar» © Vikki Dinh Photography / Raising Ryland
«Enseñar» © DCMJ / www.malalaijoya.com
«Acoger» © Jon Cuesta
«Casarse» © Marcel Antonisse / Getty Images
«Proteger» © Charles Platiau / Reuters
«Bailar» © Waring Abbott
«Defender a un rival» © Hemeroteca ABC / Blog Primavera blanca («El equipo sin alma II»)
«Anudar un pañuelo» © Osman Orsal / Reuters

Alba Editorial, s.l.u.
Baixada de Sant Miquel, 1, 08002 Barcelona
www.albaeditorial.es

Este libro ha recibido una ayuda a la edición del Ministerio de Educación, Cultura y Deporte

GOBIERNO DE ESPAÑA | MINISTERIO DE EDUCACIÓN, CULTURA Y DEPORTE | SECRETARÍA DE ESTADO DE CULTURA

Primera edición: noviembre de 2016
ISBN: 978-84-9065-237-4
Depósito legal: B-21.427-2016

Impresión: Liberdúplex, s.l.
Ctra. BV 2241, km 7,4
Polígono Torrentfondo
08791 Sant Llorenç d'Hortons (Barcelona)
Impreso en España